JN410204

발자취

국립중앙도서관 출판예정도서목록(CIP)

발자취 : 손성배 시집 / 지은이: 손성배. -- 대전 : 지혜 : 애지, 2017
p. ; cm

ISBN 979-11-5728-255-5 03810 : ₩12000

한국 현대시[韓國現代詩]

811.7-KDC6
895.715-DDC23 CIP2017029187

발자취

손성배

지혜

책을 내면서

걸어온 길이 너무도 힘들었고 많은 고갯길과 장애물이 진로를 막았으나 최선을 다하여 헤쳐 넘고 오늘에 이르고 보니, 그간 지나온 발자취를 기록으로 남기어 후손들에게 전하고 싶은 생각이 더욱 간절해졌다.

그러나 배움이 워낙 적었을 뿐 아니라 그런 계기가 없어 실천에 옮기지 못하고 차일피일 미루고 있던 차 우연히 절호의 기회가 주어졌다.

옛 직장동료였던 이은우 친우로부터 여러차례의 권유를 접하고 보니 그동안 살아 오면서 주변에서 보고, 듣고, 느낌이 있을 때에 단편적으로 기록한 것들이 제법 있기에 차제에 큰아들의 도움을 받으면서 정리하여 감히 시詩라는 이름을 빌려 책으로 엮어 세상에 내놓게 되니 더없이 기쁘고 또한 그동안 기록해 둔 것이 빛을 보게되니 보람되기도 하지만 더 일찍 실천하지 못한 아쉬움이 앞서는 것도 사실이다.

일찍이 詩에 대한 생각이나 문예창작에 대한 교육을 받아 본 적이 없는 내가 한 권의 시집을 내고 뒤 돌아보니 스스로 부족함이 많이 느껴지고 격식없이 그저 생각

나는 대로 체험을 기초로 쓴 글이라 전문가들이 본다면 웃겠지만 자식과 후손들에게 내가 살아 온 것을 들려주고 싶고, 알려주고 싶은 이야기인지라 그저 격식없이 적고 싶었다.

여기까지 올 수 있도록 처음부터 끝까지 격려와 도움을 아끼지 않은 이은우 친우의 권유에 거듭 감사를 표한다.

어려운 여건에서도 이 시집 발간을 승낙해 주신 출판사 반경환 사장님, 그리고 책을 예쁘게 디자인 해준 김지호 씨, 원고정리에 수고한 송림씨에게도 감사드립니다.

이 시집을 평생을 같이 한 사랑하는 아내와 아들, 며느리, 손자, 손녀들에게 그리고 밥산밑이 고향인 모든 일가 친척에게 주고 싶다.

또한 나와 인연을 맺었던 분들 에게도 주고 싶다.

2017年 晩秋

보문산 기슭 서재에서

孫 晟 培

차례

책을 내면서 ---- 4

1부 부모님 은혜

사모곡 —불효자의 변 ---- 12
증조부의 짚세기 —짚신 ---- 15
꿈속의 아버지 ---- 16
어머니의 정화수 ---- 18
할아버지의 삶 ---- 20
아버지와 나 ---- 22
그리운 내 고향 ---- 25
성묫길 ---- 28
어머니의 베틀노래 ---- 30
세책례 —책씻이 ---- 32
누나들의 한글 공부 ---- 34
고욤나무 그리고 감나무 ---- 36
향수鄕愁 ---- 38

2부 내가 걸어온 길

내가 걸어온 길 1 —유소년기 42
내가 걸어온 길 2 —청, 장년기 44
내가 걸어온 자취 3 —노년기 46
결혼 기념일 48
책과 나 50
첫 글방(서당) 가던 날 52
특별한 선물 54
학창 시절 56
달밤 58
벽오동 나무靑桐 60
운전면허증 62
늦었어도 괜찮아 64
다시 보고싶은 사람들 66
정년 퇴임 68
나는 행복합니다 70
엄지와 검지 72
특별한 저녁 노을 75
부칠 길 없는 편지 78

3부 산에서 새 삶을

첫 산행하던 날 82
산이 좋아 산에 가다 85
낙엽길을 걸으면서 88
눈길을 걷는다 90
벚꽃눈 내리는 풍경 92
보문산 예찬 94
식적봉食積峯 96
신록의 향연 98
오늘도 산을 찾는다 100
추억의 한 토막 102
오서산烏棲山과 나 104
홍주재洪州峴 107
취미생활 소감小感 110
가지 못하는 산 112

4부 무제

동구밖 느티나무 —정자나무 116
꿈과 현실 118
봄이 오는 길목 120
돼지 장학금 122
국립묘지 소고小考 124
해바라기 꽃 127
산다는 것 128
민들레 130
향우회 유감有感 132
매미 134
괘종시계 136
등나무와 칡(갈근) 138
콩나물 철학 140
상량식上樑式 142
봄 바람 144

5부 어느 지난 날의 일기

여수旅愁에 쌓인 봄비 ---- 146
사랑은 탄젠트 결혼은 코사인 ---- 148
차라리 귀머거리나 되었더라면 ---- 150
행복을 꿈꾸던 어느날의 추억 ---- 152
새로운 추억 ---- 154
중양절 —구월 구일 ---- 158
눈 내리던 한밤 ---- 160
설야월雪夜月 ---- 164
왜? 못 오세요! ---- 166
봄의 선구자를 찾으러 가서 ---- 168
할미꽃 ---- 170
하나의 별은 날라 갔도다 ---- 172
깊어 가는 스물의 가을 ---- 174
밤중에 우는 새 ---- 176

부록

答辭 (停年 退任式) ---- 178
시상식 소감 ---- 181
작가의 별난 人生歷程 ---- 183

• 일러두기
한 연이 첫 번째 행에서 시작될 때는 > 로 표시합니다.

1부

부모님 은혜

사모곡
— 불효자의 변

네살 어린 것이
우리글을 암송하고
천자문 책을 완독하니
집안의 경사라며 집에서는
세책례를 베풀어 주셨습니다.

초등학교 졸업까지
우등생으로
장래 전도에 기대가 되었으나

그후로
철이 없어서인가 어리석어
부모님의 깊은 사랑
깨닫지 못하고

근심, 걱정거리만
연이어 저질렀습니다.

중학교 진학문제부터
입학시험엔 합격했지만

등록금 때문에 학업포기하고
그후 신설중학교 마저
학비 체납으로 중퇴했을때
괴로웠을 그 심정
깨닫지 못한 점
그때는 미처 몰랐습니다.

군에 입대
작전 중 부상으로
수개월 간 소식 두절되었을 때도
밤낮으로 노심초사
걱정하셨지요.

그래도 끝까지
사랑으로 감싸주셨으며
기대하시고 믿어주셨으나
끝내 못 모신 자식의 심정

사무치게 뵈옵고 싶은 때도
영정 사진 한 장

마련할 수 없었던
처지가 원망스러워
가슴 깊이 흐느껴 울며

이제야 뒤늦게 후회합니다.

아버지, 어머니
죄송합니다.

증조부의 짚세기

— 짚신

증조부께서는
편모슬하에 외동이로 자라
슬하에 증손자 20여 명
얻을 때까지 장수하셨다.

항상 사랑방 아랫목에서
굽은허리 펼새도 없이
짚신 삼으시던 모습만이
기억으로 남아있다.

대가족의 신발을 마련하셨는데
서당 5년, 초등학교 6년 동안
나는 그 짚신신고 통학하였다.

지금은 민속자료로
명맥만
진열장 안에서 유지하고 있다.

꿈속의 아버지

영원히 잊혀지지 않는
두 번의 아버지 꿈
지금도 가슴에 품고 산다.

첫 번째
6·25전란 전 해에
영면하신지 3년후

군에 입대 훈련 중
아들이 염려되어
면회가 불가한 신병훈련소를
불편하신 몸으로 찾아오셔서
외박 허가받아 영외 민박하고 헤어졌다.

두 번째
최전방 복무 중
작전 출동하는 전날 밤
민간인 절대 통제구역인
최전방까지 면회오시어,

>

야전참호 속에서
부자가 함께 잤다.
날이 새면서 전투 중
전상으로 후송되었는데

고향집에서는
같은 시각 어머니 꿈에
아버지가 아들을 등에 업고
군중을 헤치고 달리는
모습을 보셨단다.

그후에는
한번도 뵙지 못했으나

보살핌 덕으로 지금까지
행복하게 살고 있다.

어머니의 정화수

우리집 장독대에서
제일 큰 장독 위에는
비가 오나 눈이 오나
춘하추동 365일

아름다운 백자대접에
정화수가 가득히 놓여있었다.

첫 새벽 동이 트기 전
우물에서 길러온 정화수井華水

가정의 무사평안과
자식들의
무병장수와 앞길을
지극정성 기원하신 정화수

어머니의 첫 하루일과였다.

하해같은 사랑과 정성으로
행복하고 보람되게 있습니다.

>

어머님 고맙습니다.

존경합니다.

할아버지의 삶

슬하에 6남 1녀를 둔
할아버지는
부드럽고, 온화하며, 부지런하셨다.

남에게 베푸는데
인색하지 않았으며
가난하지만
화목한 가정을
이루시었다.

그러나 갑작스런
큰아들, 큰손자의 뜻하지 않은 죽음으로

기울어져 가는 가정을
감당하기 힘든 고통을
극복하시면서
가장의 소임을 다하셨다.

가족을 지키기 위하여
팔순이 훨씬 지날 때까지

지게를 져야 하셨고
농사 일도 손수하셨다.

우리 할아버지는
고달프고 힘든 일생을 사시었다.

하늘나라에서나
편안히 영면하시길……
철없던 손자
두 손 모아 기원합니다.

아버지와 나

6남매 중 다섯째로 태어나
아버지와 부자의
인연을 맺었다.

생후 42개월에 혼자
우리 한글을 완독하니
경사스런 가문의 영광이라

곧바로 千字文 공부를 시작
1년간 직접 가르치셨다.
그후 4년간 서당 공부하고
초등학교에 입학하였다.

서당에 다니는 동안
매일 아침 아들의
책과 도시락 들고
서당에 맡기시고

공부 마칠 때
집으로 데리고 가는 것이

유일한 일과요, 즐거움이셨다.

생후 처음
수저질 배울 때와 붓글씨 배울 때
왼손잡이인 것을 아시고
남자가 수저와 붓대는
왼손으로 잡으면 안 된다고
끝까지 교정하여 주신 덕으로
펜대와 수저 사용만
오른손잡이가 되었다.

초등학교 졸업후
주경야독하며 가사를 도울 때
갑작스럽게 급성 복막염으로
하늘나라로 가셨는데

자식의 신변변화를 예감하신 듯
신병훈련을 마칠 무렵과
최전방 전투에 임하는 전날 밤

>

꿈속의 면회를 마지막으로
부자지간의 인연은 끝이었다.

이제는 편안히
극락왕생하세요.

그리운 내 고향

고향 떠난지 60여년
언제나 꿈속에서는
고향산천을 헤매며 산다.

초가집 10여 채가
옹기종기 모여살던
평화스런 집성촌.

꿈을 키우고
영혼이 자랐으며
선조들이 영면하고 계신 곳.

철따라 백화난만하고
뻐꾹새, 소쩍새가
청승맞게 울던 곳.

그곳이 내 고향이다,

봄이면 산과 들을 누비며
지천으로 피는

진달래꽃 따먹고
찔레순도 꺾어 먹었으며
동구밖 개천에서
가재잡이도 했지.
모두가 우리의 특별간식거리.

여름밤엔 우물가에서
더위 식히는 목욕하고
바깥마당 밀대방석에 누워
모깃불 타는 옆에서
구수한 냄새 맡으면서

하늘을 덮은
수많은 별을 보고
쏟아지는 별똥별 세면서
짧은 밤 깊어가는 줄 모르고
이야기로 지새우던 밤.

가을이면 알밤줍기 하고
홍시의 그맛,

아직도 못 잊는다.

썰매타고 눈싸움하며
추위도 잊고 놀던 그 겨울

그리움만 남아
밀물처럼 밀려오는 그곳.

영원히 그리운
내 고향이다.

성묫길

언제나 성묫길은
즐겁고 뜻깊은 길

앞에는 억새꽃이 유명한
오서산烏棲山.
뒤로는 신라 9산 중 하나인
성주사지가 있는
성주산聖住山.

그 새에 있는 작은 능선중
제일 큰산 식적봉(밥산) 아래
마을 이름도 밥산밑.

10여 호의 친척들만
옹기종기 모여살며
삼백여 년 면면히 이어온 곳.

부모님과 누대 선조가
영면하고 계신 곳

>

후손이 번성하여
전국에 살아
연 2, 3차 성묘와 벌초 위해
이제는 겨우 겨우 찾아온다.

마을은 이미 폐촌되어
봄마다 찾아오던 제비도
자취 감춘지 이미 오래.

성묘날 만이라도
후손들 모여
우리의 뿌리와
숭조정신을 일깨우는
유익한 시간으로

어릴 적 추억도 상기하는
뜻깊은 성묫길 되기를 기원한다.

어머니의 베틀노래

우리 어머니는
오척단구 왜소했지만
마음만은 큰 장부셨다.

층층시하에
다섯 명의 시동생들
없는 살림살이 지탱하기 위해
평생을 베틀 위에서
사시다시피 하셨다.

농촌에 유일한 일거리
길쌈의 원료인
목화, 삼, 모시를 재배하고

누에 치고 명주실 만들어
베틀로 천을 만들기까지,
어머니는 길쌈의 달인이셨다.

베틀의 북소리,
물레소리,

씨아질 소리에
나는 자장가 삼아 자랐다.

지금도 눈감으면
그 소리들
환청되어 아련히
귓가에 맴돈다.

세책례

— 책씻이

생후 42개 월의 어린 아들이
한글을 완전 습득

할머니들에게
옛 이야기 책
읽어 드린 것이 동기되어

이듬 해 정월 처음으로
천자문 책으로
한문공부를 시작.

따뜻한 봄 어느날
4개월 만에 천자문 책을 떼니

겨우 47개월된 꼬마 아들.
축하와 격려
첫 책을 뗀 기념으로
찹쌀로 인절미 만드시고
막걸리 빚어
일가친척들과 관례에 따라

>

세책례 잔치를
알차고 조촐하게
베풀어 주셨다.

자식에 대한 애정, 관심, 기대를
복합한 축복의 잔치였음에
그 깊은 뜻을
뒤늦게 깨달았습니다.

아버지, 어머니
고마웠습니다.

누나들의 한글 공부

위로 둘째, 셋째
두 누나가 있었다.

정규학교 공부하지 못해
겨울철의 농한기에
일제시 발행했던
조선어독본을 구해

밤늦도록
희미한 호롱불 밑에서
가. 갸. 거. 겨.
소리내어 읽으면서
한글 공부에 열중하였다.

일제강점기 말에 두 누나 모두
정신대 문제가
전국으로 확산되어
서둘러 결혼하여 떠났다.

그때 42개월 된 어린 동생

두 누나 사이에 끼어
귀여움 받으면서 재롱 부리다

들은 풍월로
먼저 습득한 것이
공부하게 된 동기되어
한문공부 시작하면서

진로에 기초가 되었다.

고욤나무 그리고 감나무

내 고향 산기슭 밭두렁에
배시, 반시, 골감나무 수십 주

고욤나무에 감나무 접목하여
육성시킨 아버지 작품이다.

아버지의 접목기술을 알고 난 후
고욤나무만 목격하면
적소를 선정 이식하여
칭찬도 받았으며
감나무 접목에 일조하였다.

80년 연륜을 가진 교목이지만
지금도 많은 감이 열리어
청명한 가을하늘 아래
불꽃같은 장관이며
맛 또한 비할데 없이 달콤하다.

단풍든 잎도 화려하고
잎지고 난 후는 더욱 황홀하다.

수확 후에도 남겨놓는
몇 개의 까치밥 감

자연과 공존하는 미풍
면면히 이어간다.

향수鄕愁

태어나서 자라고
영혼이 깃든 곳
옛 고향마을 찾아드니

산천은 의구하며
동구밖 정자나무
의연하게 반겨주는데

마을은 인적이
끊어진 지 오래되었으며

마당엔 잡초만
무성한 빈 집들이
흉물스럽게
마을 지키고 있네

매일같이 뛰놀던 놀이터는
형적조차 찾을 수 없구나.

나의 체취가 깃들인

옛집 이르니
할아버지의 기침소리며
살포 짚으시고
논두렁 살피시던 모습

작은 체구에 언제나 바쁘신
흰머리 어머니의 환상만이
뇌리를 때리며

아래채 대청마루 위 대들보에
열살 어린 내가 쓴 상량문上樑文 만이
말없이 나를 맞이하네.

황소가 차지하고 있던
외양간에는
모기장같은 거미줄이
차지하고 있어

서글픈 향수만이
활동사진처럼 흘러간다

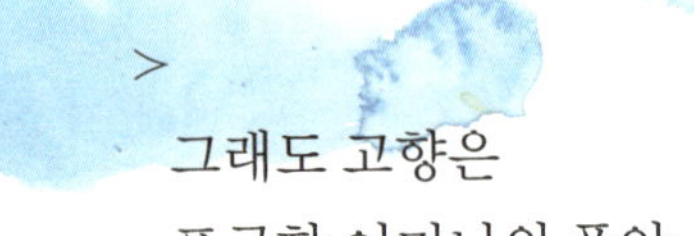

>

그래도 고향은
포근한 어머니의 품안.

마음의 위안이 필요할 때는
언제든 찾아가는 곳이다.

2부

내가 걸어온 길

내가 걸어온 길 1
— 유소년기

1931년 녹음이 짙은 6월(음력 5월)
보령시 청라면 밥산밑
가난한 농가에 태어났다.

일찍부터 남달리 총명하여
생후 42개월에
혼자 우리글(한글)을 완독

신동칭호 받으며
할머니들에게
옛이야기 소설책을 읽어드렸다.

곧이어
서당에서 한문공부 5년하고
초등학교에 입학
신학문을 접하고

졸업 후 주경야독하고 있을 즈음
가세가 파산지경에 이르매
감당하기 힘든 날을 보내던 중

>

설상가상
군 소집 영장 받고 입대

최전방 전투부대에 배치되어
작전 중 전상으로
불구의 몸으로 명예제대

귀가하니 할 수 있는 일이 없었지만
좌절할 여유도 없었다.

천우신조 때마침
군郡에서 주관하는
면직원面職員 자격시험에 응시

수석합격의 영예로
한가닥 희망의 빛이 보였다.

내가 걸어온 길 2
— 청, 장년기

제대 후 일년 반만에
기적같은 일이 발생했다.

뭇사람들의 선망인 공무원에
등용되는 영광을 얻었으나
그 길도 순탄하지 않았으니

고비마다 맞닥뜨리는 고갯길
때때로 앞을 가렸으나
어렵게 헤치면서 넘고 넘어

9급 공무원으로 시작
4급에 이르기까지
39년간 공직자의 길을
지혜를 다해 대과없이
명예롭게 퇴임했다.

출발시 목표에는 못미쳤으나
국가를 위하여 젊음을 다 바친
긍지와 자부심을 갖는다.

>

재직하는 동안
녹조근정훈장
모범공무원 대통령표창
장관표창 2회
도지사표창 3회
그외 많은 표창과 상을
수상했다.

내가 걸어온 자취 3

— 노년기

청, 장년기 40년은
오직 앞 만보고 달려왔으나
짐 다 내려놓은 이제

뒤돌아 볼 수 있는 여유도 있고
본래의 나를 찾으면서
차분히 취미생활을 하게 되었다.

첫째로
칠년 동안 책 오백여 권을 읽어
새로운 식견을 넓혔으며

둘째로
전국 높고, 낮은 산 200여 곳을
팔년동안에 오르면서
지친 신심 회복시켜
건강유지에 기여했었다.

셋째로
팔년 동안 11개국을 여행

새로운 국제감각과
견문도 넓혔다.

그 외로
충남도 행정동우회 이사직 12년간
퇴직자의 여생에 도움이 되도록
노력, 협조하였으며

대한민국 상이군경회
중앙대의원에 선임
4년 동안 전국 회원의
복리증진과 조직의 운영에 참여
대전시장 표창을 받은 바 있다.

이제 참전 국가유공자의
명예와 긍지를 가지고
조용히 남은 길을 걷고 있다.

결혼 기념일

신혼여행은
상상도 하지 못하고
사진 한 장 못 찍고

처갓집 울 안마당에서
조촐한 결혼식을 올렸지

올해로 63회를 맞는
12월 28일(음11월 11일)은
우리에게는 더없이
소중한 기념일

나 하나 믿고
가난한 집에 시집와
알뜰살뜰 가정을 건사하여
박사 2명, 석사 1명, 학사 1명

네 아들 잘 길러
사회에 진출시켰으니
후회없는 삶을 살았네.

>

여보!
그동안 수많은 힘든 고비마다
참고 극복하며, 서로 협심하여
대과없이 오늘에 이르는 동안
고생 많이 하였지만
행복하였습니다.

처음으로 하는 말

많이 많이 사랑하고
고마웠습니다.

책과 나

우리말 말살 정책이
극심했던 일제강점 말기

누님들이 배우던 책
조선어 독본을 접하며
우리글 한글을 완독하매

생후 46개월에
천자문을 배우면서
독서는 시작되었다.

국민학교 졸업 후
독학의 길을 가야 하기에
일찍부터 많은 책을 접하였는데

유일한 희망인
보통고시 제도마저 폐지되어
좌절의 고개를 또 넘었다.

노력의 결과로

공무원에 임용되었고

재직 중 각종 소양교육시
표창도 많이 받았다.

좋은 책 접하며
날 새는 것도 모른 채
독서한 적도 많았다.

네 아들도 내 영향을 받아
서울대학교 1명,
충남대학교 3명 졸업

대학교수 2명,
공기업 1급 1명, 대기업 1명
각자의 위치에서
최선을 다하고 있다.

오늘도 내 책상 위에는
책 한 권이 놓여있다.

첫 글방(서당) 가던 날

1936년(6세) 초봄
겨울 끝자락이 남아있는
제법 쌀쌀한 어느날

호기심과 설레는 마음으로
지,필,묵과 책을 갖추어
아버지 손을 잡고
건너 마을 글방 가던 날

긴 수염에
탕건과 한복차림으로
근엄한 자세로 앉아계신
선생님 앞에

이십대 학동 대여섯 명이
무릎꿇고 앉아
강講*을 하고 있었다.

글방 분위기는 엄숙하고
모두가 차분하게 앉아

>

서로 다른 책으로
각기 다른 음색과 높낮이로
공부하고 있었다.

분판은 공동으로 사용하고
벼루, 연적은 개인이 소장.

서산과 서산대는
스스로 만들어 사용하였다.

첫 교재로 동몽선습*부터
명심보감, 소학, 대학
효경, 격몽요결*, 통감을
4년동안 공부하고
초등학교 입학하였다.

이렇게 시작된 배움이
내 생의 나침반이 되어주었다.

* 講 : 전날 배운 것을 선생님 앞에서 외우는 일.
* 동몽선습 : 조선 중종때 박세무가 엮은 책.
* 격몽요결 : 율곡(이이)의 저서.

특별한 선물

여섯 살 어린 조카가
서당에 다니며
한문공부 하는 것이
대견하고 부러우셨는지

어느날 셋째 숙부께서
한 살 아래 사촌동생에게
글공부시켜 달라는 말씀에

서당에서 귀가하면
숙부댁에 먼저가
천자문을 가르쳤다.

그해 한가위 명절에
소나무에 황새무늬가 있는
조끼를 선물받고
무척 좋아했던 기억난다.

조끼는 예쁘고도 소중한
나에겐 특별한 선물이었다.

>

남에게 글을 가르친 것도
선물을 받은 것도
여섯 살 어린나이에겐
대견한 일 아닐까……

학창 시절

유일한 초등학교 학창시절이
일제강점기 중 태평양전쟁과 겹쳐
학교의 전과정이
전쟁과 연관

운동장은 고구마, 콩밭되고
변두리는 방공호 시설되었으며
남은 자투리땅은 축사지어
돼지, 닭, 토끼 사육하고

계절따라 군마사료(건초) 만들며
광솔 채취, 머루잎 따기
고철수집, 노력봉사로

방학은 형식 뿐이었고
체육시간은 군사훈련이며
몇 시간의 행군도 하였다.

수업시간은 잦은 공습경보에
대피하다 시간 다 보내니

온전한 공부는 불가

학창시절의 추억은
육년내 전쟁지원으로
끝을 맺었고
많은 동창생은 전란 중 사망

동창회 조직도 못하였다.

달밤

휘영청 밝은 달밤보다
어스름 달밤을
더 좋아한다.

그런 밤이면
무작정 시골길을
정처없이 걷곤하였다.

사춘기에 마음 병 깊었을 때
잠 못들고 뒤척일적
창문 밖에 심어있는
벽오동 나무는

내방 창호지 문에
동양화 한 폭 곱게 그려
위로하며 잠 재우려 하고

삼라만상이
잠들어 있는 동안
밤새워 나를 지켜주었다.

>

지금도 달밤에는
어디론가
걷고싶은 충동을 받는다.

벽오동 나무青桐

잎과 나무껍질마저 녹색이며
악기나 가구재로 쓰이는
벽오동 나무 한 그루
침실 창문 밖에 있었다.

달이 휘엉청 밝은 밤에
한지문에 비치는 그림자

한 폭의 고고한 동양화로
바람 불면 선녀의 춤으로 변신
넋놓고 감상하다
잠들곤 하였다.

세우細雨에는
고요한 자장가
큰비 내리면
요란한 음악소리

더위에는 훌륭한
그늘막

익은 열매는
고소한 입정거리

십대 후반 힘들었을 때
마음의 위안이 되어 주어서
오래도록
잊혀지지 않는다.

운전면허증

퇴직 5년을 앞둔 1988년,
인생 2모작을
더 멋지게 살아보려고

늦깎이 나이에
운전면허증과 인연 맺고

30년 동안 애마와 함께
일심동체되어
시도 때도 없이

전국의 관광지,
농촌, 도시를
불원천리 하고 누볐지

사고 한번 없이
안전운전하였으니
큰 보람이며 자랑스러운 일.

지금도 나의 발이 되고 있으니

그 동안 함께 한 긴 시간동안
진정으로 행복하였다.

이제 작별해야 할 시간이
다가온 듯하다.
고마웠다……

늦었어도 괜찮아

넋두리 한마디.

사전에 계획도 없으며
시에 대한 지식도 없이

시를 쓴다는 꿈.
실현될까 의문이네
너무 늦은 듯 한데……

늦지 않아요.
늦었다고 생각하는
지금이 기회야.

시작이 반이라 하지않던가,
나이는 숫자에 불과한 것.

하고자 하는 열의와
노력이 관건이야.
기회가 언제나 있는 건 아냐.

>

주어진 기회를 더 늦기 전에 실천하여야
후회하지 않는거야.

늦었다 아니다는
마음먹기 달려있어.
늦지도 않았으며
늦었으면 어때.

처음먹은 마음대로
초지일관해야지.

다시 보고싶은 사람들

한세상 살아 가려면
일생동안 필연적으로
많은 사람들과
끊임없이 인연 맺으면서
살아가게 되지.

어릴 적 소꿉친구에서
학교친구
성인되어 사회 진출하면

필연적으로 상호간에
돕고 도움 받으면서
공동사회 구성원되어

함께 걸어온
긴 세월동안
많은 사람들과 인연 맺었는데

흘러간 세월이 야속하게
활동사진처럼

뇌리를 스쳐갈 뿐이다.

내 생에 있어
소중한 분들이었는데
모든 인연이
거의 단절되었으나

유달리 인덕이 많아
과분한 도움 받았음을
소중하게 가슴속 깊이
간직하고 살아 가렵니다.

정년 퇴임

이십 대 중반부터 육십이 넘도록
오로지 한길만 걸어
청춘을 바친 39년.
공직을 마무리하고
새로운 인생 2막의 출발점인
정년퇴임 하는날.
1993년 6월 30일

퇴임일에 앞서 착잡한 마음에
만사 제폐하고
홀가분한 마음으로 처음
아내와 함께 외국여행
한달만에 귀국하여
정년 퇴임식에 참석하였다.

도道가 마련한 식장은
과분하게 준비되었고
지사님과 도청 간부들
선,후배, 동료, 일가, 친척이
따뜻한 마음으로

>

우리를 맞아주었다.

사회자의 안내에 따라
식이 진행되었다.

대통령의 훈장 수여
도지사의 공직기간에 대한 공로패 수여
도지사의 내조자에 대한 감사패 수여
지사님의 국가와 지방행정을 위한
노고 치하와 퇴임 후의 몸가짐에 대한
간곡한 축사에 이어

축하해주신 분들과
수고해주신 관계자 분들에게
퇴임자를 대표하여 답사로
감사의 뜻을 전하였다.

기념사진 촬영하고
그날의
퇴임식은 끝이 났다.

나는 행복합니다

낳아 길러주신 부모님의
하해 같은 사랑으로
삶을 영위하였으니
정말 행복합니다.

63년동안 부부생활
변함없는 애정으로
함께하며
정성으로 지은 밥 먹으니
참으로 행복합니다.

자손들의 문안전화
무탈하다는 소식 접할 때
참 행복합니다.

집안에 칩거할 나이인데
함께 만나 담소하고 소일하며
즐기는 벗들이 있으니
더없이 행복합니다.

사고思考와 시력이
아직 정상이어서
글을 쓰고 읽을 수 있으니
매우 행복합니다.

부부 함께 건강을 유지하며
식도락을 즐길수 있으니
진정으로 행복합니다.

효자 중 효자라는
공무원 연금이
생활안정에 여가를
즐길 수 있으니
더 이상
행복할 수 없습니다.

엄지와 검지

1952년 현역으로 소집되어
최일선 전선에서 작전 중

오른손 3, 4, 5번의
손가락 기능을 상실하는
중상을 당하여
전도가 크게 바뀌었다.

선조의 가호가 있어
최악의 비극을 면하고
사회에 복귀하였지만

눈보라치는 벌판에
홀로 서 있는 듯
현실은 냉혹하기 그지없었다.

휴식하고 있을 여유도없이
뛰어야 했고
엄지와 검지의 소중한 가치는
시간이 지날수록 더하여

>

동분서주 노력한 결과
공직자의 길을 걷게되었으나
정상인의 몇배 노력은 불가피

엄지와 검지의 헌신이 있었기에
39년의 공직
명예롭게 마쳤다.

할아버지,
어머니께서
하늘나라에 가실 때도
엄지, 검지와 함께
영정글씨 쓰고 예를 갖추었다.

엄지와 검지
너마저 잘못되었으면
지금 어떻게 되었을까?

생각할수록 고맙구나

>

엄지야!
검지야!

남은 생도 끝까지 화이팅!

특별한 저녁 노을

몸에 실오라기만 걸친
뭇 선남선녀가 군무하는
여름 바닷가 풍경

폭염이 절정인 8월 초
군에 있는 사촌동생이
찾아왔다.

나는 공무원 3년차
풋내기,
동생은 초급장교
육군중위,

퇴근 후
대천 해수욕장에 가
허름한 가게
바다쪽 마루에 앉아
맥주 한 병 달랑 놓고
그 동안의 회포 나누고 있을 때

>

지극히 보기 드문
장엄한 현상이
멀리 수평선 위에서
막 전개되고 있었다.

커다란 불덩이 하나가
구름 한 점 없는 수평선 위에
막 걸쳐 있었다.

그 황홀한 장면에
도취되어 있는 순간
불덩이는 서서히
수평선 너머로
가라앉고 있었다.

그 순간의 상황은
필설로는 표현할 수 없는
저녁 노을이었고

소중하고도 행복하고,

잊지 못하는 아름다운
추억의 한 장면이었다.

동생은 이민가서 불구되어
만날 수 없는 현실이
안타까운 뿐이다.

부칠 길 없는 편지

다섯째와 여섯째로 태어나
남부럽지 않은
남매의 연을 맺어
의좋은 남매로 살아 왔는데

청천벽력 같이
내곁을 떠난지도
십년의 세월이 흘렀구나.

비통하고 억장 무너지는 심정
어찌 필설로 표현되겠느냐.

어려운 집의 늦동이로 태어나
부모님, 동기간의
보살핌도 부족한데

내색 한번 없이
스스로 극복하고
노모 슬하에서 자라나

>

이른 나이에 시집 가던 날.
날씨도 야속하게 눈이 내려
타고가는 트럭마저 길이 막혀

칠흑같은 밤길
고개넘고 물건너
이십리 길 걸어서
시댁에 도착한 날
오라비는
가슴깊이 울었단다.

칠십 년의 인연이
이렇게
허무하게 끝날 줄 몰랐다.

이제 생각하니
잘못한 것이 많아
후회스럽고 뉘우쳐진다.

저 수많은 별중에

네 별은 어디에 있는지.

부칠 길 없는 편지
허공에 띄우련다.

편안히 영면하여라.

3부

산에서 새 삶을

첫 산행하던 날

퇴직 후 여가선용 일환으로
산행을 택하고
아무 준비없이

간단한 간식거리만 지참
약속된 장소에서
차에 올랐다.

치밀한 계획도
완벽한 준비도 없이
서두른 것이

안내원의 설명을 듣고서
무모함을 깨달았다.

산행에도
지켜야 할 예절이 있고
안전사고 대비의 행동요령이며
갖추어야 할 필수품도
처음 알게되었다.

>

무계획 산행은
시작부터 난관의 연속.

예상하지 못한 상황에
중도포기도 생각하였으나

산행을 계속하기 위하여는
필연적으로 겪어야 할
과정으로 생각하며

사즉생의 마음으로 극복하여
제일 늦게나마
정상에 올랐다.

첫날의 산행은 이렇게
몸은 기진맥진
행동은 좌충우돌
상태는 엉망진창

첫날 경험이 자극되어

팔년 동안의 산행에
사고없는 아름다운,
추억이 되는
멋진 산행의 시작이었다.

산이 좋아 산에 가다

산은
인생의 나침판이라고
누군가 말했지.

직장을 떠난 후
여가선용으로
동경해오던 등산을 선택

주 1회 이상 산행을 시작.
8년 동안
전국의 높고, 낮은 이백여 산을

계절에 구애하지 않고
천오백 고지 이상의 산도
오르내리며
지쳐있는 신심을 단련해왔다.

여름철 숨막히는 더위를 극복
정상에서 맛보는
계곡따라 불어오는

청량한 바람

오염되지 않은 맑은공기
체험한 자만이
느끼는 축복이다.

눈 내리는 겨울
무릎까지 빠지는 산행
혹한의 산 정상에서
보온통의 밥도 순간에 얼어
얼음밥도 먹었으며
여름엔 변화무쌍한 산중에서
소나기도 만나
빗물밥도 먹었었다.

봄엔 야생화 군락지
여름의 푸른녹음
가을의 오색단풍
겨울에는 설산.

>

계절따라 변하는
산행길의 쾌감
필설로 표현할수 없는
명실상부한
금수강산이다.

낙엽길을 걸으면서

봄의 훈풍이 불어오면
어김없이 잎눈이 트면서
꽃 피우고 열매 맺음에
공생하다가

찬바람 부는 가을이 되면
화려한 단풍으로 갈아입고

소슬 바람에 몸 맡기고
내년을 기약하며 떠나간다.

떨어진 낙엽의 폭신한 촉감
바삭거리며 속삭이는
소리에 도취되어
걷고 또 걷는다.

텃밭에서 낙엽 태우는 연기
가느다란 줄이 되어
하늘 높이 오르고
구수한 냄새는

코를 자극한다.

을씨년스런 찬바람에
가랑잎 하나
지금도 향방없이 굴러간다.

눈길을 걷는다

사뿐 사뿐
눈길을 걷고 있다.

보문산 자락에도
올해 첫눈이
내리고 있다.

수도하는 성직자의 마음으로
조용히 걷고 있다.

온 대지를 포근하게
감싸고 있는 하얀 이불
이 평화스러운 풍경이 좋다.

어릴 적 눈 내리면
좋아라 눈싸움으로
추위도 잊은 채
뛰고 구르면서
하루 해를 보내곤 했지.

>

이제 변화된 환경 때문일까?
아련한 추억이
뇌리를 스치고 간다.

벚꽃눈 내리는 풍경

꽃눈이 내리고 있다.
벚꽃잎이 눈처럼
내리고 있다.

보문산 산책로에
하얗게 꽃눈이
내리고 있다.

상춘객들 가던 길 멈추고
사진찍기에 분주
여기저기 탄성소리
메아리 친다.

살랑살랑 봄바람에
함박눈같이 휘날리며
열매 맺으라
서둘러 떠나주네

떨어지는 꽃잎은
계절을 착각할 정도로

산책로를 하얗게
덮고 있다.

보문산 예찬

워낙 산을 좋아하기에
의도적으로
보문산 자락에 둥지 틀고
정착한지 20년이
훌쩍지났다.

날이 새면
이름도 모르는 새들
아름다운 노래로
잠깨워 주며

창문 열면
청량한 아침공기
꿀맛이다.

낮에는
보문산에 올라가
철이 바뀔 때마다
변장하는 모습에

>

도취되어 걷노라면
눈도, 귀도, 마음도 즐거워
무아지경이 되니
건강은 덤이다.

선경이 따로 있느냐
유혹하니
보문산을
더욱 사랑한다.

식적봉食積峯

고향마을 뒤에 우뚝 솟아
좌우양팔 뻗어
포근히 감싸고있는 진산鎭山.

그 이름 밥 식자 쌓을 적자
그래서 식적봉(밥산)
그 산의 정기를 받아 성장하였다.

정상에 오르면
서쪽으로 육십리 밖
서해바다가
막힘없이 조망되어

보는 것만으로도
가슴이 후련하기에
기분전환차 자주
오르곤하였다.

어린이에게는
좋은 놀이터였고

>

능선 양지바른 잔디밭은
봄부터 나의 공부방이었다.

철따라
산나물, 산과일, 땔감으로
마을에 풍요를 제공하였으니

마을의 중요한 생활터전으로
그 이름 같이 밥산이다.

신록의 향연

봄꽃이 지고
나뭇잎 활짝 피면

앞산 뒷산 온 산에는
연한 초록빛 뭉게구름의
향연이 전개된다.

여름하늘에 이는
뭉게구름은
소나기만 뿌리고
곧 사라지는데

신록의 뭉게구름은
오월까지도
연초록색을 간직하니

마음을 편안하게
눈은 즐겁게

청정한 산소공급하는

부드러운 뭉게구름.

한 폭의 수채화다.

오늘도 산을 찾는다

오늘도 아침밥 먹고나면
보문산의 상쾌한
숲길을 걷는다.

그곳에서 남녀노소
많은 사람들과 만난다.

혼자서 조용히 걷는 사람
연인과 손잡고 다정히 걷는 사람
여러 사람이 무리지어 걷는 사람들
천태만상의 걷는모습이다.

트랜지스터에서 흘러나오는
흘러간 트롯트 노래소리며
사람들 이야기 소리

새소리 바람소리까지 섞이며
소리의 천국 같다.

특히 산새들의

짝 부르는 고운소리는
아름다운 멜로디로 들린다.

무성하게 자란 나무들
질세라 서로 다투어가며
하루가 다르게
나무색이 변한다.

수도자의 심경이 되어
그 속에 섞여 걷노라면

눈도 즐겁고 귀도 즐거우며
자연 몸의 건강은
덤으로 얻는 느낌

내일도 모레도 계속
이 길을 걸으련다.

추억의 한 토막

젊은이는
앞을 바라보며
희망에 살고
노년이 되면
추억을 안고 산다 했던가?

종착역이 다가오매
뒤돌아 보니
희로애락의 만감이 교차를 한다.

지금까지 살아오는동안
크고 작은 인연
많은 사람과 맺으면서

사랑도 받고 도움도 받으며
행복하게 살아왔다.

만에 하나 나로 인해
상처받았던 분이 계시다면
정중히 사과드립니다.

>

남은 생
좋은 추억만 가지고
편안하게 살렵니다.

오서산烏棲山과 나

보령시 동북쪽에 위풍당당
790m 홀로 솟아있는
명산 오서산은
우리마을 쪽에서 보는 면이
제일 아름답다.

마을과 정면으로 대하고 있어
늘 바라보며
어린시절 보냈기에
매우 친숙한 산이다.

처음
오서산을 접하게 된 것도
여섯살 적 서당의 학동되면서

따듯한 어느 봄날
서당 봄소풍에
우연히 오르게 되었고

청년 학동들의 보살핌으로

정상정복은 성공하였으나
바다에서 불어오는 바람이
너무 강하여
더 나가지 못하고
혼자 남아
훈장님 관(갓)을 지키고 있었지

하산길 계곡에서의 점심밥은
삼층 밥되어 먹는 둥 마는 둥
그래도 무사히 하산하였으니

비공인 최연소자
산행기록 아닐까?

그후 13년이 지난 초봄에
어린 조카딸의 해소병이 심하여
산 넘어 반대편
장곡땅 암자에 스님 찾아가
한방진료 받기 위해
인적도 없는 험산을

3년 동안 함께 넘어 다닌 산

퇴직 후
오서산 등산 기회가 있어
감회깊고 마음 설레는
산행길이었는데

산은 옛모습대로
그곳에 있건만
세월은 유수같이 흘러
아쉬운 심정 어쩔 수 없었다.

지금도 고향에 가면
오서산은 그 자리에서
변함없이 나를 반긴다.

홍주재洪州峴

홍주목과 보령현의
경계선에 위치해
그 이름도 홍주재라
부르게 되었단다.

마을앞에
신작로가 생기기 전
마을과 함께 조성된
주 통행로였다.

어린아이들은
청양 화성化城 장날이면
고갯마루에서
장에 가신 부모님
오실 때까지 기다렸고

어른들은
외지 나간 자손들 오는 날엔
아침부터 고갯마루에 올라
이제나 저제나

목이 빠져라 바라보셨다.

높지도 않고
험하지도 않은
나즈막한 고갯마루.

신부 가마도
이 고개를 넘었으며
마지막 가는 이도
이 재를 넘어갔다.

좋은 소식 궂은 소식
이 고개를 넘어 전해지면서
마을역사가
함께 이루어졌다.

신문명의 힘을 빌려
마을앞으로 신작로가 생기면서
홍주재로 왕래하는
인적이 끊겼다.

>

고갯길은 폐허되고
잡초가 주인되니
세월 무상함을
새삼 깨닫게 된다.

고향 찾아온 사람들은
애틋한 향수와
어릴 적 추억으로만
존재한다.

취미생활 소감小感

삶에 절대 필요, 불가결한
활력소인 취미생활

취미없이 산다는 건
무미건조한 삶이니
한두 가지는 필연적으로
가지는 것이 통상이다.

우리연대 2030(1920~1930)은
일제강점기말 나라없이 태어나
태평양전쟁, 한국전쟁 등
혼란 속에 젊음을 보내어
삶 자체가 힘들었기에

취미생활은 호사스런 단어일 뿐

급변하는 사회에 적응하며
삶을 영위하기도 벅찬실정

말년에야 다행스럽게

취미생활의 맛을 알고

그간 미뤄두었던
책읽기와 즐거운 산행
최대한 즐기면서

취미생활에 도취되어
삶의 행복함을 만끽한다.

가지 못하는 산

산을 좋아해서
틈만 나면 산에 가는데
가지 못하는 산이 있다.

자비부담 없이 갈 수 있는
기회도 두, 세 차례 있었다.

못 간 것보다 안 간 것이
정확한 표현일거야

그곳은 바로
금강산 과 백두산이다.

북한군과 전쟁 중
부상 당하여
평생 불구의 몸으로
살아 가는 것도 어려운데
내 굳이 갈 수는 없지.

조국이 통일되고

건강이 허락하면
묘향산도 포함
떳떳하게 가 보려고
그때를 참고 기다리련다.

4부

무제

동구밖 느티나무
— 정자나무

고향마을 동구밖
거목 느티나무 한그루

위풍당당하게 서있다.

정초에는 아낙네들
가내 태평 빌고

일시에 잎이 피면 풍년이요
2,3차 나누어 피면
흉년의 징좌라는
한해 농사 풍흉을
암시해주고

단오날에 그네놀이
여름철의 피서처
오수를 즐기던 곳.

아이들에는
사철 놀이터였던

든든하고 고마운 느티나무.

오백년 한결같이
마을의 수호신 나무.

어엿한 보호수로 지정되었다.

앞으로도 영원토록
마을과 함께하기를……

꿈과 현실

사람은 누구나
꿈을 갖는다.

어릴 적 품은 꿈은
원대하지만
현실과 부딪히면
변하는 것.

부득이 변하는 꿈일망정
최대한 이루고자
노력하지만

역시 꿈과 현실의 간극.
불가항력의 현실인가?

이루지 못한 꿈
아쉬웁지만
능력의 한계
자인하면서

>

꿈과 현실은
애시당초
같을 수 없는 것이라고

스스로 자위하자.

봄이 오는 길목

입춘이 지났으니
시절은 분명 봄
봄의 길목에 와 있는데

봄인 듯 겨울같고
겨울인 듯 봄같은
변덕스런 날씨 지속하지만

뭇 생물은
두꺼운 겨울 옷 벗고
새옷 갈아입는 약동하는 계절.

남녘에서는
꽃소식 전해오며
성미 급한 복수초는
눈속에서 꽃 피우고 떨고있네.

먼산에는 아지랑이 아롱거리고
철새들도 철따라
떠나고 돌아오는 계절.

>

냉이 캐는 아낙네들
새봄 반찬 준비에
마냥 즐겁고

일년농사 준비에 바쁜 농부
긴 하루 해도 짧다하네.

시작이 반이란다
부지런 피워야지.
게으름 피우면
일년농사 허사되고
다시 내년을 기약해야 하니

지금 이때가
소중한 봄의 길목이다.

돼지 장학금

1950년대 후반, 친척 중
의좋은 형제가 있었다.

형은 약하지만 영리했고
동생은 장사며 골격도 컸다.

작은 아들은
가업을 승계하였고
큰아들은 등록금이 적은
사범대학에 입학하였다.

학비마련 대비하여
새끼돼지 한 마리 길렀는데
그뜻이 하늘까지 전해졌는지
돼지는 무럭무럭 자라

4년간 연2회 대학등록에 맞추어
십여 마리 새끼를 낳아
대학을 졸업시키는
기적이 일어났다.

>

지금은 중등교사 정년하고
편안한 인생 2막 지내고 있지만

돼지 장학금이 없었다면
상상도 못할 여건이었다.

방학이 되면 백이십리 길을
우물가 냉수로
허기를 달래며
걸어서 귀가하는 등
어렵게 학업을 마쳤다.

국립묘지 소고小考

가끔 시간내어
대전 국립묘지(현충원)에 간다.
모든 것을 조국에 바치신
애국지사와
국가 유공자 분들이
고이 잠들고 계신 곳.

그곳에 가면
마음 편안하며 엄숙해진다.

당국은 더욱 관심갖고 관리하여
많은 국민들이 늘 찾아가서
참배도 하고
애국심 고취하는 장으로
가꾸었으면 한다.

처남 내외분도
이미 안장되어 있으며
우리 내외도
영면할 예정인 곳.

>

※ 안장제도에 대한 소고小考

첫째
이곳에 잠드신 모든 분에게
동등한 예우가 마땅할 것인데
군계급별로 구분 차별함은
잘못된 처사이다.

선진국에서는 계급 구분없이
순서에 따라 안장하고 있다.

둘째
군 근무 외의 국가에 대한
공적은 도외시하고
군계급만 기록하는 것도
재고되어야 한다.

그것이 영령들을 진정으로
예우하는 길이며

>

국민들이 더욱 신뢰하고 존경하는
명실상부한 국립묘지가
될 것이다.

해바라기 꽃

너의 주변
온갖 꽃들은
좋은 계절에 꽃 피고
씨알 품는데

넌 염천지절에
꽃 피우고 많은 씨알 맺으며
왜 평생 해만 보고 있니?

씨알도 분수껏 가지면 되지
일생을 고개만 숙이고 있니?

영양 많은 씨알은
기름과 간식용으로
아낌없이 제공하니

너는 정말 바보인가 봐!

산다는 것

산다는 것이 별것인가?

하늘 쳐다보며
허허 웃고
땅 쳐다보면서도
허허 웃으며
마음 비우고 욕심없이
살면 되는 것을

욕심부리고
시기심 가지니까
상처받고 불행해지지.

산다는 것이 별것인가?

서로 사랑하고
안아주며 살아야지.
남을 괴롭히며
질투하니까
자신도 괴로울 수밖에 없지.

산다는 것이 별것인가?

웃어른 공경하고
아랫사람 애정으로
보듬으면 만사형통인데

어른께 불손하고
남을 미워하면
주위에서 지탄하는 것이야.

산다는 것이 별것인가?

이웃끼리 오손도손
사랑을 주고받으며
어우렁 더우렁 사는것이
행복하게 사는거지.

산다는 것 별것 아니잖소
즐거운 마음으로
다같이 삽시다.

민들레

가냘픈 꽃자루는
바람에 내 맡기어
정처도 모른 채 날아가서

집마당 끝,
작은 길가, 돌 틈새로
최악 조건인 곳에 자리잡고
일찌감치
봄의 초입에
싹틔우고 꽃피는
민들레.

잎은
이른 봄 입맛전도사로
밥상에 오르는 반찬되며
뿌리는
발한發汗이나 강장제로
아낌없이 희생하는
포공영(한약명)

>

강인한 생명력과 희생으로
변함없이 이어가는 장한 모습.

요즈음 사람들에게
좋은 본보기가
되었으면……

향우회 유감有感

고향을 사랑하는 마음과
상호 친목도모 위해
동향인들 모임인
재대전 향우회에
참석하였는데

모임을 마련한지 어언
금년이 50주년이란다.

참석자 면모를 보아도
뜻모아 설립한 사람들은
한 사람도 보이지 않고
최고령자로 되었으니

덧없이 흘러간 50년의
변화가 실감난다.

후배들이 주축되어 세대교체 추진
새로운 조직으로
변신시킬 예정인 듯

>

새삼 세월의 무상을 느끼며
즐거운 마음보다
서글픈 생각이 더하다.

더욱 발전하는 모임으로
오래도록 이어갈
후배들의 열성에
기대할 따름이다.

매미

찌는 듯 무더운
한여름 오후
시원한 나무그늘 속에서
평화롭게 노래하는 매미소리.

즐거운 멜로디로
들리기도 하지만
시끄러운 소음으로
짜증나는 때도 있다.

매미는 이 날이 있기까지
깊은 지하 속에서
7년에서 14년간

길고 긴 인고의 세월을
참고 견디고 나서야
지상에 나오면

제일 먼저 헌옷 벗고
새옷 갈아 입고

날개 편 후
제 갈길 찾아 날아간다.

즐거운 삶은 겨우
일주일 남짓,
다시 올 때처럼
조용히
고향으로 사라진다.

미물의 행동 우리에게
전하는 바 크다고 생각된다.

괘종시계

태엽만 감아주면
스스로 돌아가는

괘종시계
똑딱 똑딱…
살아있는 추의 소리

적막감 지워주기도 하고
자장가도 되어주며
잠 못 이루고 뒤척일 때나
곤한잠 깨였을 적에
어김없이 알려주는 시간
뎅뎅뎅
종소리
고마웁고 아름다웠다.

매 시간을 알려주는
편리한 이기였는데
아나로그에 밀리고 디지털에 쫓기어
어디론가 사라졌다.

>

온 집안에 시계 하나면
족했던 그때 그 시절이
추억으로 남아
아련히 들리는 듯
하네

등나무와 칡(갈근)

같은 콩과의 만목蔓木으로
동일한 운명의 나무인데

남에게 의지하며 사는 것 외
같은 점이 없는
야릇한 행동으로
서로 갈등을 일으키니

알다가도 모를 일

등나무는 오른쪽으로만
칡은 왼쪽으로만
서로 반대방향으로
감아 오른다네

쓰임새에 있어서도
칡은 잎과 꽃은 식용
뿌리는 한약재로
줄기 속껍질은 청올치로
아낌없이 제공하는데

>

등나무는 관상용으로
사, 오월 경 송아리 꽃과
햇빛차단 그늘집으로

서로 다른 길로 가는 레일

갈등이란 낱말까지
거기에서 연유하였다네.

콩나물 철학

어린 시절
안방 한구석은 언제나
콩나물 시루의 차지였다.

수시로 물을 흠뻑 주지만
콩나물은 샤워만 할뿐
아래로 전부 되돌려 보내는데

신기하게도
콩나물은 쑥쑥 자라서
밥, 국, 죽, 무침, 찌개 등
다양하게 변신하여
매 끼니마다 식탁에 오른다.

수백년 동안 서민들과
함께 이어온 콩나물엔

다 자랄 때까지 기다리는 철학
욕심없이 물마저 되돌려 주는 철학
조건없이 영양분만 제공하는 철학

>
우리가 배워야 할
철학이 숨어있다.

상량식上樑式

새로 집을 지을 때는
오랜 전통에 따라
상량신上樑神에게 올리는
정성스런 의식을 한다.

집 식구가 열 명이 넘어
몇해 별러 경진년에
아래채를 건축하였다.

목수일이 끝나갈 무렵
길일을 택하여 (음7월 22일)
일가 친척 모시고
상량신에 고하는 축문을
대들보(마룻대)에 써서
절차에 따라 엄숙하게
상량식을 진행하였다.

마지막으로 대들보를
필목으로 묶은 후
지붕으로 올려 맞추면서

상량식이 끝났다.

국민학교 입학하고 4개월
열살의 어린나이에
정성으로 써놓은 축문 글씨는
지금도 고향집 아래채
대청마루 위에 있으니

칠십여 년이 지난 지금도
그날이
아련하게 떠오른다.

봄 바람

바람이 분다.
다사한 봄바람이 분다.

봄을 재촉하는
바람 불어오면
계곡얼음은
물이 되어
졸졸 소리내며 흘러가고
초목은
새옷 입을 준비에 바쁘다.

가슴 부푼 청춘남녀
사랑끼 발동하고
부지런한 농부는
춘삼월 하루 해가
짧게만 느껴지네.

양지쪽 고양이는
기지개 켜며
게으름 피운다.

5부

어느 지난 날의 일기

여수旅愁에 쌓인 봄비

봄빛을 담뿍실은
동남풍 불면

먼산에 흰구름 밀려와
분무기 뿜듯 가랑비 내려

춥고 길었던 계절을
호졸근하게 축여준다.

부슬비 내리면
초목의 싹은 기름져 가지만
생활에 쪼들려 고달픈 몸엔
고뇌의 불길만 도다주네

이 찬밤에 내리는 부슬비야!
여수에 쌓인 나그네에 보내는
봄의 선물이냐?
어찌타 원망의 눈물만 뿌려주느냐?

비야.

내리기는 네 마음껏 내리라 마는
폐허에 원한겨운 손
울리지나 말아라.

아~ 슬프다.
홀로서 상사想思의 노래
부슬비 줄기따라
절로 스며 나온다.

단디4283(1950)년 2월 8일

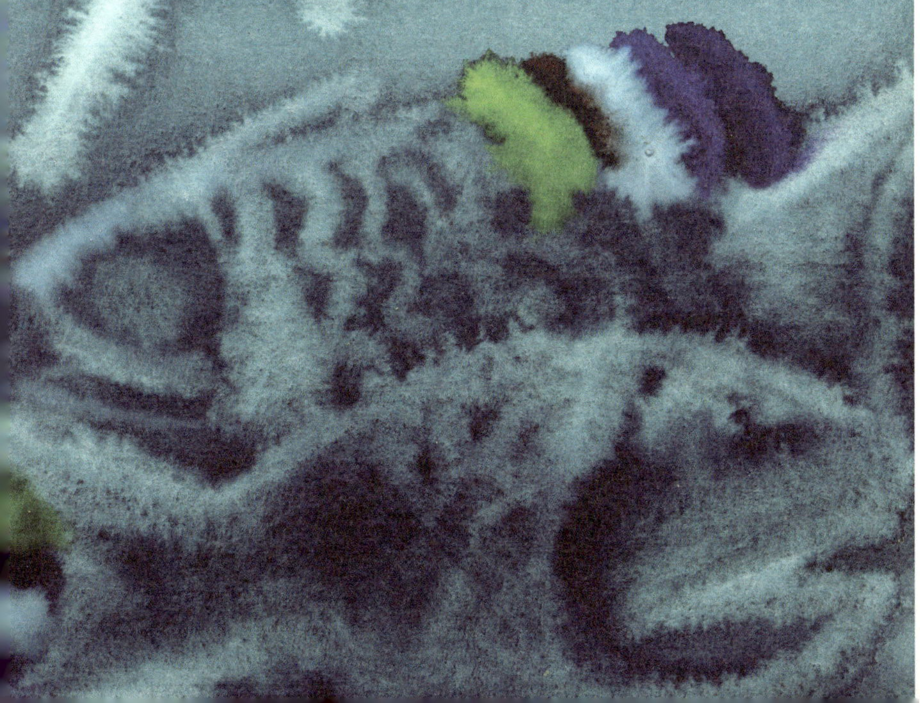

사랑은 탄젠트 결혼은 코사인

유한 장밋빛 치맛자락 펼치고
고요히 청산과 함께 속삭이는
황혼이외다.
하늘에 무수한 별들은
서로 반짝반짝 숨박꼭질 하며 엿듣고

저기 저 달님은 햇님 잃은 서름에
눈물을 흘리나 봅니다.
임이여!
저 하늘을 좀 바라 보세요.
견우와 직녀가 사랑을 속삭이고 있습니다.
임은 어쩌면 그렇게도
그새 마음이 변합니까?

끓어오르던 정열도 싸늘히 식어가고
연인을 잃은 나그네의 심정같이
떨리는 피리의 슬픈 가락도
산등을 넘어 들려옵니다.

임이여!

잠깐만 생각에 잠기세요.
진정한 사랑에는 또한
사랑의 굳은 증표가 있어야 하지 않습니까?
이꽃 저꽃 날아 다니는 벌, 나비같이
헛된 맹세가 많은 이 세상이오니.

단기4283(1950)년 8월 8일

차라리 귀머거리나 되었더라면

차라리 귀나 먹었더라면
저 산 넘어서 흘러오는
사랑을 저버린 나그네의 피리소리와
짝잃은 기러기의 애원하는 소리
모두 다 들려오지 않으련만

차라리 귀가 먹어 들리지나 않는다면
이 마을 저 동네에서 들려오는
겨레의 울음소리, 부르짖음
아무 것도 귓속엔 스며들지 않으련만
조용치 못한 이 땅이 더욱 시끄럽구나.

이 거리에서 때리는 소리
저 모퉁이에서 우는 소리
귓속 깊이 울려오니
시끄러워 못있겠구나.

어버이 모시고 어데로 갈까나
이 소리 저 소리 다 안 듣고
귀 막고 눈 감은 조용한 숲속에서

산새들과 길이 영화를 누릴까나.

부르짖음, 총소리, 괴한의 발자취
강을 건너고 산을 넘어서
악마의 만가같이 들려온다.
모두 다 듣기싫은 소리뿐이니
모조리 박차고 물리쳐 보내어라.

단기4283(1950)년 8월 15일

행복을 꿈꾸던 어느날의 추억

바다 멀리 계절따라 불어오는 바람은
맑고 시원한 청량제가 되고

백사장에 부딪치는 금파, 은파는
깜찍하게 어여쁜 보석과도 같고

가수가 부르는 노래소리 같이
아름답고 즐거운 행복스런 행진에
발과 마음을 한데 맞추어
사랑하던 벗과 담소하던 날
희망과 행복을 찾아서 헤매였다.

나의 가장 즐거운 벗이여!
그날도 추억의 한토막이 되어
초조한 이 몸을 충동하여 주는
고마운 하루, 하루가 되었네 그려…

온 산이 타는 듯한 붉은 꽃도
사랑치 않는 것은 아니지만
넓은 바다같이 마음 넓히고져

멀리 뜬 범선보며 발자취를 돌렸다.

강변에 밀리는 연약한 물결이
고요히 자장가 부르던 날
사랑하는 사람과 정답게 앉아
사랑을 속삭이던 날
행복한 가정을 꾸미어 보았습니다.

사랑하는 나의 천사여!

낙담하고 실망하는 어느 때,
어떠한 딴 힘을 주는
나의 가장 즐거운 하루가 되었습니다. 그려…

단기4283(1950)년 9월 4일

새로운 추억

추억은 새로워 다시 그리워
어린 양 즐거운 양 종달새 같이
끼리끼리 모여앉아
지저귀는 모습이 눈에 선하네

어려서 뛰놀던 그시절
나의 모-든 기쁨을
송두리째 빼앗아 간 모양이야
이제는 즐거움도 기쁨도
찾아오지 않으니

밤이나 낮이나 뛰놀던 동무
그때는 싸움도 많이 했건만
한없이 정이 들었든 모양이지
이제껏 못잊고 그리워

백구를 데리고 헤매던 뒤 언덕
소꿉장난하던 그 산밑
그 바위들이며
양지바른 추녀밑

모두 예전과 다름이 없건만
이 몸만 변하여서
딴사람 같구나

잔디밭에 속잎 푸르러 가고
젊은 할미꽃 고개숙여 있던 곳
진저리 나는 봄날도 짧든 그때를
지금도 꿈속에서 헤매고 있노라.

발갛게 불같이 피었던 꽃은
어느듯 낙화 신세가 되고
짙은 녹음이 울창할 때
매미, 잠자리도 무던히 잡았었지

오곡은 여물어서 고개 숙이고
모든 나무가 꼬까옷 입을 때
어른들은 바빠서 어쩔 줄 모르건만
우리는 으름, 머루, 다래를 따고
알밤줍고 단풍잎 줍기 바빴었지.

겨울로 달리는 기나긴 밤에
침침한 방에서 어른들 모시고
희미한 등잔 밑에
옛 이야기 끝없었지

하늘에 별도 따려고 했고
눈바람 부는 쌀쌀한 겨울날에도
추운 줄 모르고 눈밭에서
손이 차면 호호 불면서
눈사람을 만들었네

눈사람은 봄바람에 간 곳이 없고
눈싸움 하던 기억만 머릿속을 스치네
끝까지 싸워서 이기고 말았지
그렇지만 곧 손잡고
정다운 벗이 되었었지

명절날이 가까워지면
손꼽아 기다리던 일
어머니 치맛자락에 매달려

색동저고리, 꼬까바지,
떡도 해달라고 보채던 일
그러나 이것이 어머니에게
기쁨을 주었었지.

가난한 살림에도
우리들의 명랑함을 보시면
아버지, 어머니의 주름살이 펴졌지
아~ 추억은 새로워 다시 그리워

어릴 적 놀던 그 동무 다 어데가고
이 몸만이 홀로 남았는가?
아니다!
이곳에 내 옆에
모두 나를 바라보고
엄숙하게 서있다.

단기4283(1950)년 9월 16일

중양절
— 구월 구일

높은 하늘 푸른 곳에
흰 구름은 오락가락

북쪽나라 갔던 기러기는
짝을 지어 날아 들고

제비는 사랑스런 어린새끼 데리고
정든 땅 정든 집을 하직하느라
구슬피 이별노래 합니다.

갈바람은 산들산들
아낙네의 치맛자락 나부끼고

산에는 화려한 단풍 물들어
처녀들의 마음 산란해

꽃댕기 콧노래 바람결에 흘리며
뒷동산에 올라 구절초九節草 뜯어다가

부모님과 정든 님의

장수를 기원하네.

단기4283(1950)년 10월 19일
중양절重陽節을 맞이하며

눈 내리던 한밤

결백한 백설화白雪花의 꽃잎은
깊어가는 겨울밤을
한층 더 침묵으로 이끈다.

아~ 유령의 한밤일까?
끝없는 실마리를 잡을 길 없어
천장에서 흔들리는 거미줄만
무심히 바라보며 누워 있었다.

밖에서는 수줍은 여인의
옷 벗는 소리와도 같이
조용히 눈이 내린다.

무심코 나는 밖으로 뛰어 나갔다.
달이 있는 밤이라 그리 어둡지는 않다.

고요한 밤!
눈 내리는 이 밤의 설경
그만 눈에 취하여 뜰마당을 나도 모르게
몇 바퀴인가 돌고 돌았다.

>

발걸음에 맞추어
바사삭 바사삭 거리는 소리를 들으며
나는 돌고 있었다.

눈 오는 밤이면
끝없는 큰길을 마냥 걷고 싶다.

가로등은 눈물어린 눈동자처럼 흐리고
하늘은 부풀어 오른 솜꽃같이
지평선에 드리운 밤길을
유령과 같이 혼자서 걷고 싶다.

이런 길을 걸을 때는
누구와 이야기 하는 것도
너무 번잡한 일이다.

발밑 바사삭 소리를 들으면서
내 혈관이 가을 물처럼 맑아지는 것을
깨닫기 때문이다.

>

이번엔 마당 한가운데서
부처같이, 석고상 같이
움직일 줄 모르고 서있었다.

그러다가 또 걷는다.
마치 동물원 철창 속 학과도 같이.
그러다 어느덧 발걸음은
방으로 향하고 있었다.

몸은 눈이 내려 백의白衣로 변하였다.
아무 향기도 없고 맛도 없는 눈이지만
옷에 내린 눈도 털기 싫었다.

방에는 침묵이 계속되었다.
밤은 한없이 깊어가고
밖에서는 여전히 함박눈이
조용 조용히 내리고 있었다.

이런 하룻밤에 맛보는
보헤미안 취미는

또한 행복한 일순간이기도 하다.

단기4283(1950)년 12월 3일

설야월雪夜月

부풀어 오른 솜꽃같이
뽀-얀 하늘에
중천의 찬달 그속에 잠기고
희미하게 비치는 이 밤!

고요히 내리는 함박눈
어스름 달밤에
회색 젖빛 속에 깊어가는 이 밤!

가 없는 벌판!
가 없는 적막!
멀리 깜박이는 등불
옛날같이 아득하고

고요한 이 마을!
고요한 이 한밤!
부드럽고 싸늘한 눈송이 속에
적막은 무한히 이어지고

이 깊은 적막에 고요히 안겨

그리는 어머니 품에 가볍게 잠드는
어린아이 같이
하늘을 우러러 사르르 눈감는
젊은이

단기4284(1951)년 1월 4일

왜? 못 오세요!

쓸쓸한 내집에도 봄이 옵니다.
아버지…

흰구름 타고 저 푸른 산을 넘어
노랑나비, 흰 나비 춤추는 날
이 집에도 봄이 찾아 옵니다.

왜? 아니 오세요. 아버지…
꽃은 져도 봄이 오면 또 피고
멀리 가버린 제비도 다시 찾아 오는데
한번 가신 아버지는 왜 아니 오세요.

하늘나라 가시면
또 못 오시나요. 아버지!

작년에 죽었던 잔디 잎은
다시 살아나서 올해도 무덤위에
푸릇푸릇 자라고 있습니다.

아버지는 왜? 못 오세요!

단기4284(1951)년 2월 5일
풀리는 얼음을 바라보며

봄의 선구자를 찾으러 가서

봄의 선구자가 무엇이냐고
그대가 물었을 때는

나는 벙어리가 되었었다.
봄의 선구자는 여러가지이기 때문에

종달새, 나비, 진달래, 버들가지 또 시냇물…
그러니 무엇을 지적해야 좋습니까?

당신에게 그 대답을 하기 위하여
봄의 참다운 선구자가 무엇인가 하고

덤불가와 잔디밭 그리고 산허리를 헤매였습니다.
그러나 봄을 맞으러 앞선 것이 너무 많아서

아지랑이 낀 먼산만 바라 보았습니다.
묵묵히 고개 숙이고 있는 할미꽃을 지적할까요?

그들은 봄이 옴을 이미 알고
남보다 먼저 지상에 나와

>

온 만물에 고하노니
미리 앞을 아는 그의 신기성新奇性

얼마나 행복스럽고 부럽습니까?
또 그들을 사랑하는 마음은?

단기4284(1951)년 3월 28일

할미꽃

쓸쓸한 무덤가에 홀로 핀 할미꽃
남보다 먼저 봄 오는 줄 아네
매서운 북풍이 아직도
가–끔 산허리를 넘어서
남쪽으로 달리고 있는 때

살며시 솟아나와 말없이
고개만 숙이고 있네

할미 할미 할미꽃
무슨 꽃이 못 되어 할미꽃이 되었나

장미보다 해당화, 백일홍보다도
더욱 빨간 자주빛 꽃이
백발에 허리굽은 할미가 되었어

누가 이 꽃을
할미꽃이라 하였는고

허리는 굽었고 쓸쓸하게 보여도

모진 비바람 이겨내고
으뜸으로 피어나서
고개를 끄덕이며 웃음을 짓는다오

쓸쓸한 무덤가에
홀로 핀 할미꽃

남보다 먼저
봄이 오는 줄 아네

단기4284(1951)년 4월 16일

하나의 별은 날라 갔도다

하나의 별이 날아 갔으니
남은 별은 어이 살어 갈꼬

우주의 한 점을 차지하여
서로 사랑을 주고 받으며
서로 믿고 의지하더니
이제는 외로워서 어이 살어 가리

사랑하는 별 하나 날라 갔도다.
이 몸만 혼자두고 사라졌도다.

저녁마다 못잊어 찾어 보고
반짝반짝 빛내며 기뻐했건만

짝별 잃은 오늘밤엔
그 빛은 희미하여 보일락 말락

어렸을 적 그때는 꿈도 많드니
꿈은 변하여 추억이 되었구려

>

언제나 정다웁게 둘이 서서
도란도란 사랑을 노래 부르며
방긋이 고운 웃음 웃어도 보았드니

지금은 이별의 눈물만이
끝일줄 모르네

단기4284(1951)년 5월 25일
단 한 분인 형을 영원의 길로 보내고 나서

깊어 가는 스물의 가을

어제, 그저께 귀뚜라미 울더니만
어느새 낙엽이 우수수 지는구나.
색동저고리 입었던 때가 어제 같은데
어느새 청춘의 몸이라니…

무심하게 지나가는
이십의 푸른 고개가 일장춘몽 같구나.

스물의 가을도 깊어 가건만
아직껏 쓸쓸하게 지내왔노라
그리운 사람을 사랑하는 마음도
남 모르게 타오르지만

그 누구 꺼주는 사람은 하나도 없구나.
달리는 세월이 밉살스럽다.

스물의 푸른 고개도 사라져 가건만
이내 동맥은 고요히
품안에서 잠자고 있다.

청춘은 봄이고 봄은 꿈이요
언제까지나 꿈속에서
꿈이나 꾸려나

괴롭구나!
사라지는 연기같이
이십의 가을을 넘겨 보내자니

단기4284(1951)년 10월 14일

밤중에 우는 새

삼경三更에 우는 이름모를 저 새야!
혼자 밤 새우기가 서러우냐?

너는 고독이 싫어 벗 부르는고나

나도 홀로 이 밤을 새우니
나의 벗도 한 사람 불러다오

내 서러움을 너는 알겠고나
나는 이목이 있어 울지 못하니
너나 내몫마저 밤새도록 울어다오

날이 새도록
나는 달빛 스며드는 내 방에서
닭이 울고, 먼 동이 틀 때까지
듣고 있으마.

단기4284(1951)년 4월 17일
창문에 스며드는 달빛 아래에서

부록

答辭 (停年 退任式)

시상식 소감

작가의 별난 人生歷程

상량식 축문

최우수상장

학교성적표

答辭 (停年 退任式)

尊敬하는 李東雨 知事님 그리고 박찬무 副知事님 또한 이 자리를 準備 하느라 手苦하신 關係 職員 여러분!

不足한 저희들의 公職을 마감하고 물러가는 자리를 이와같이 分에 넘치도록 盛大하게 마련하여 주신데 대하여 우리 退職者一同은 머리 숙여 眞心으로 感謝의 말씀을 드립니다.

또한 바쁘신 일이 많으실 것임에도 親히 찾아 주시고 激勵하여 주시며 자리를 빛내 주시는 내빈 여러분과 先輩, 同僚職員 여러분 그리고 家族, 親知 여러분 정말 고맙습니다.

人生의 離合이 無常하다는 것을 이제야 비로소 알게 된 바는 아니기 때문에 언젠가는 반드시 오늘과 같은 때가 오고야 만다는 것은 이미 豫想하고 있었읍니다만, 막상 여기까지 이르고보니 온갖 生覺이 千갈래 萬갈래로 뻗어서 惜別의 情을 禁할 길 없습니다.

도리켜 生覺하니 6·25 動亂 直後에 社會는 極度로 混

亂하고 주위 環境은 형언할 수 없이 열악한 狀態 속에서 온갖 惡條件을 甘受하면서 그래도 나름대로는 靑雲의 꿈을 實現하고자 하는 希望을 안고 一線 地方行政에 몸담은지 벌써 근 40年의 歲月이 꿈만 같이 흘러 갔습니다.

血氣 왕성한 20代에 公職에 入門한 以後 어느덧 백발이 되어 할 수 없이 떠나야 하는 이 時點까지 큰 人物은 못 되드래도 地域 住民들에게만은 꼭 필요한 公務員이 되고, 上司나 同僚들에게는 오래도록 좋은 인상으로 꼭 記憶에 남는 者가 되어야 하며 인연을 맺은 모든 분들에게 조금이라도 누가 되는 삶은 하지 않으려고 내 나름대로는 항상 다짐하면서 實踐하려고 努力도 하였습니다만 워낙 根本的으로 淺學菲才한 몸이라서 그뜻도 이루지 못하였으며, 虛送歲月만 하게된 狀況에서 모든 周圍分들로부터 도움과 恩惠만을 듬뿍 입었을뿐 그에 報答하지 못하고, 이렇게 떠나게 되니 더욱 안타까울 뿐입니다.

다만 大過없이 停年을 맞이할 때까지 勤務할 수 있었다는 것 그것만으로도 위로를 삼고 물러가려고 합니다.

그러니 오래 동안 苦樂을 함께하고 서로 도와가며 지낸 온 情을 生覺하면서 너그러운 마음으로 모든 허물을 용서하시기 바랍니다.

지금 이렇게 말씀드리고 있는 이 순간에도 여러분들과 함께 지내오는 동안의 여러가지 즐거웠던 일, 기뻤던 일, 괴로웠던 일, 슬펐던 일들이 走馬燈처럼 머리속을 스쳐가고 가슴속에 떠오릅니다.

이 모든 것이 이제는 그리운 추억이 되어 틀림없이 一生동안 저희들의 가슴속을 떠나지 않으리라고 믿습니다.

이제 停年이 되었다 하더래도 이 몸이 유지할 수 있는 限은 보다 더 보람되고 알찬 삶이 되도록 바둑의 고수들이 종반의 계가에 心血을 쏟듯이 내 人生 종반을 계가하는 心情으로 충실하게 살어 가렵니다.

부디 앞으로도 더욱 변함없는 情誼와 指導편달이 있으시길 간절하게 바라면서 답사에 가름합니다.

끝으로 여러분의 家庭과 一身上에 榮光과 幸福만이 언제나 가득하시길 祈願합니다.
감사합니다.

1993. 6. 30
退職者 代表 孫晟培

시상식 소감

여러 가지로 부족함이 많은 이 사람에게 과분하게 신인상까지 주시면서 빛나는 이 자리를 마련하여 불러주신 화백문학 김광길 발행인과 임직원 여러분에게 감사의 말씀을 드립니다.

고맙습니다.

살아오는 동안 크고 작은 상을 여러번 받았습니다만 이 신인상 이야말로 저에게는 그 어느 상과도 비교가 되지않는 뜻 깊으며 값진 상입니다.

어려서부터 학문을 즐기면서 자라다 보니 자연히 문학도가 되는 것이 장래의 꿈으로 된 듯 합니다. 그러나 불행하게도 제가 자라온 시기는 안일하게 꿈을 꾸는 것 자체가 호사스런 짓이었지요.

사회는 극도로 혼란 스러웠고 불안한 시기라서 우선은 초근목피로 생을 유지하는 것이 급하였기에 저 개인에게도 가정을 지켜야 할 막중한 책임이 있어 현실 속의 직업전선에 나설 수 밖에 없었습니다.

공무원 생활 39년을 마감하고 새로운 제2의 인생을 설계하면서 늦었으나 어릴 적 꿈이었던 것을 실현하고자 나름대로 노력한 것이 헛되지 않고 드디어 열매를 맺게 되었습니다.

석양에 지는 노을이 가장 황홀하고 아름다운 것 같이 황혼길을 걷고 있는 시기에 이 알찬 결실을 보게되니 꿈만 같으며 저 개인과 가문의 영광입니다. 노력하면 한만큼 결실을 걷는다는 진리를 새삼 깨닫기도 했습니다.

오늘 이 뜻깊고 값진 신인상을 수상하니 참으로 기쁘기도 하고 지나간 시간 들이 주마등 처럼 스쳐갑니다.

고맙습니다.

감사합니다.

작가의 별난 人生歷程

1931. 5.(음력) : 충남 보령시 청라면에서 출생
1934. 겨울 : 스스로 한글 깨치고 할머니들께 소설책 읽어드림
1935. 2. : 천자문 공부 시작
1936 ~ 1939 : 서당에서 한학 수업
1936. 봄 : 서당 학동들과 오서산 등정
1940. 4. : 청라 초등학교 입학
1940. 7. : 아래채 신축 상량식에 대들보 상량문 씀
1946. 2. : 청라 초등학교 졸업
1946. 6. : 대천중학교 중퇴
1948. : 대천 수산중학교 입학
1951. : 대천 수산중학교 재학중 수업료 체납으로 3학년 2학기에 축출당함
1952. 5. : 육군 입대
1953. 4. : 전투중 전상으로 장애자 됨
1953. 9. : 육군 명예제대
1954. 10. : 보령군 시행 면서기 자격시험 수석합격
1954. 12. : 결혼
1955. 4. : 보령군청에서 공무원 임용
1993. 6. : 충남 도청에서 정년퇴임

1997. : 대한민국 상이군경회 대의원 피선(임기:4년)
2002. : 충청남도 행정동우회 이사 피선 6회
2017. : 첫 시집『발자취』출간

〈상훈〉
– 전상 국가 유공자
– 모범 공무원 대통령표창 수여(1972)
– 녹조 근정훈장 수여(1993)
– 상공부장관 표창
– 보훈처장 표창
– 도지사 표창 3회
– 대전시장 표창
– 화백문학 시부문 신인상

1940년 초등학교 1학년에 쓴 우리집 상량식 축문

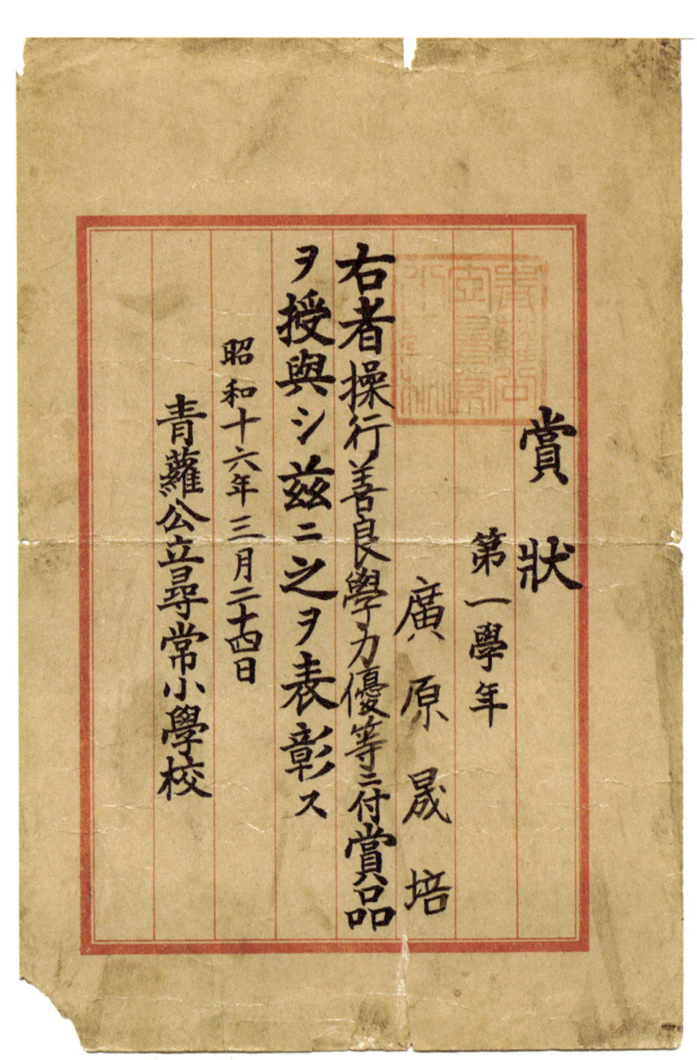

賞状

第一學年　廣原晟培

右者操行善良學力優等ニ付賞品ヲ授與シ茲ニ之ヲ表彰ス

昭和十六年三月二十四日

青蘿公立尋常小學校

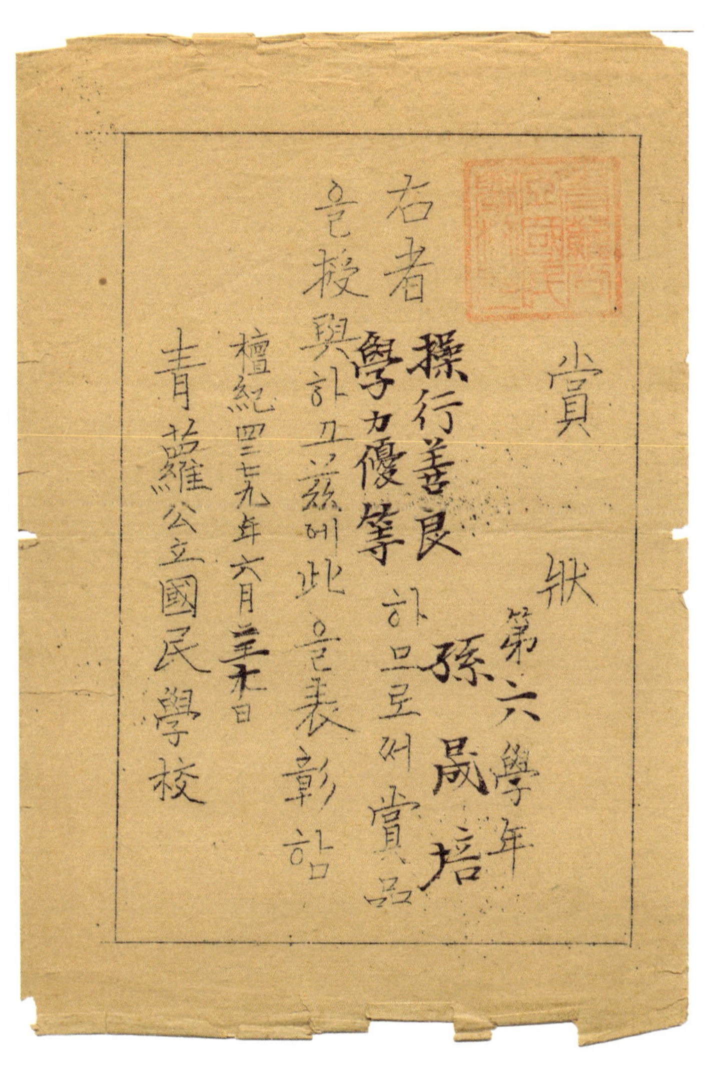

賞狀

第六學年 孫晟培

右者 操行善良 學力優等하므로써 賞品을 授與하고 玆에 此을 表彰함

檀紀四二七九年六月三十日

青蘿公立國民學校

1940년 입학후 전학년 수상한 최우수상

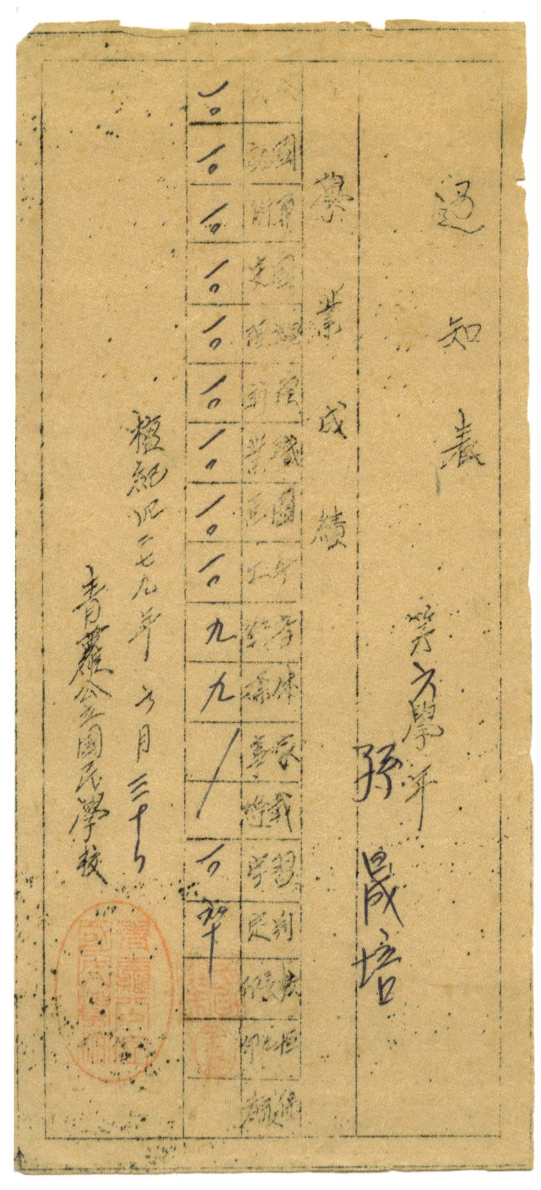

通知表

學業成績

第六學年 孫晟培

檀紀四二七九年

靑羅公立國民學校

초등학교 6학년 성적표

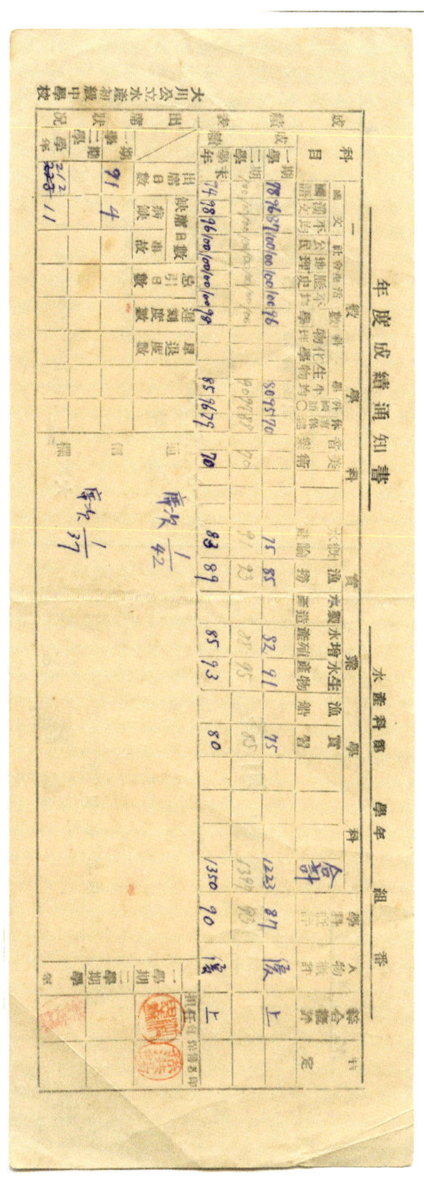
年度成績通知書

水産科第　學年　組　番

大川公立水産初級中學校

중학교 1학년 성적표

손성배

손성배 시인은 1931년 충남 보령 청라면에서 태어났다. 네 살 때 한글을 깨치고, 다섯 살부터 한문공부를 시작하여 평생을 책과 함께 살아왔다. 1955년 보령군청 공무원으로 임용되었고, 1993년, 39년간 몸 담아왔던 공직을 충남도청에서 정년퇴임(서기관)하였다. 정년퇴임 이후, 등산과 해외여행을 다니는 한편, 어릴 적부터 꿈이었던 시문학에 매진하여『화백문학』시부문으로 등단했다. 대한민국 상이군경회 대의원과 충청남도 행정동우회 이사를 역임했으며, 2017년 첫 시집『발자취』를 출간했다. 전상 국가유공자이며, 모범공무원 대통령표창, 상공부장관표창, 보훈처장 표장, 도지사 표창 3회, 대전시장 표창 등과 녹조 근정훈장을 받았다.

손성배 시집

발자취

발　　행 2017년 11월 20일
지 은 이 손성배
펴 낸 이 반송림
편집디자인 김지호
펴 낸 곳 도서출판 지혜
계간시전문지 애지
기획위원 반경환 이형권 황정산
주　　소 34624 대전광역시 동구 선화로 203-1 2층 도서출판 지혜 (삼성동)
전　　화 042-625-1140
팩　　스 042-627-1140
전자우편 ejisarang@hanmail.net
애지카페 cafe.daum.net/ejiliterature

ISBN : 979-11-5728-255-5 03810
값 12,000원